BAUSTEINE

Übungsheft

4

Erarbeitet von
Björn Bauch, Kirsten Bruhn,
Ulrike Dirzus, Gabriele Hinze,
Alexandra Isack und Hans-Peter Schmidt

Diesterweg

Inhalt

Hallo,
ich bin Quiesel.

Sprachen verstehen

Was ist was?

Haus
Mond
Tiger
Stern
Katze
Radio
Tisch
Schuh
Stein
Lied
Milch
Wasser
Hemd
Mann
Haar
Hund
Polizei
Apfel

star
moon
hair
radio
cat
tiger
shirt
shoe
house
apple
table
water
song
police
stone
man
milk
dog

1 Finde zu den Bildern die deutschen und englischen Wörter. Trage sie ein.

• fremde Sprachen verstehen
• Seite 6–7
• Seite 9

Fehler finden mit der Quiesel-Karte

1. In Sätzen

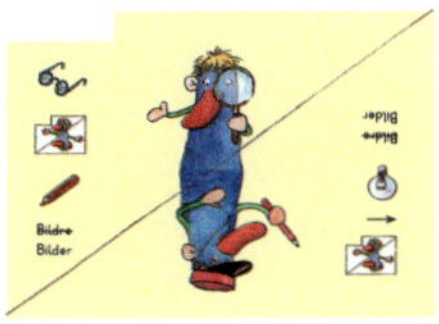

- Wort vergessen
- Satzzeichen
- Satzanfang großschreiben

2. Bei Buchstaben

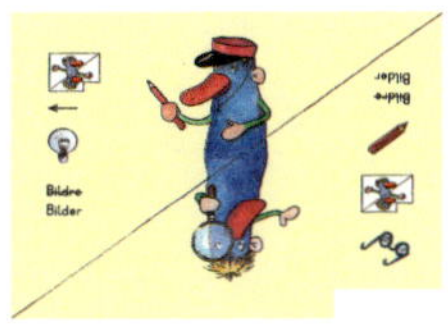

- ausgelassen
- vertauscht
- zu viel

3. In Wörtern

- Nomen großschreiben
- Verwandte suchen
- langer oder kurzer Selbstlaut
- Silben abhören
- Wörter verlängern
- Merkwörter

Johanna und Julia (sind) schon wahnsinnig aufgeregt. |

Bald ist es wieder soweit |

Die Ferien beginnen, und sei faren mit ihren Eltern nach Frankreich. ||

Auf dem Kampingplatz am Walt ist immer was los. ||

Familien aus vielen Ländern hier Ulaub. ||

Deshalb sprechen die Kinder auch ganz verschiedene Sprachen:

Französisch, Deutsch, Englisch und Spanisch zum Beispiel.

aber für die Kinder ist das kein Problem. |

Sehr schnel lernnen sie einige Wörter von den anderen. ||

Oder sie zeigen auf die Dinge, die sie meinen.

Manchmal mlen sie etwas auf. |

Dieses jahr nimmt Johanna sogar ein Wörterbuch mit. |

1 Finde die Fehler und verbessere sie.

2 In welchem Kasten findest du einen Hinweis auf den Fehler? Unterstreiche die Fehler in der Farbe des Kastens.

Post aus Frankreich

Liebe Oma, lieber Opa,

wir wohnen auf dem schönsten Campingplatz am Meer.
Unser neues Zelt steht unter dicken Bäumen. So bekommen wir kühlen Schatten, wenn die Sonne scheint.

Meistens gehen wir zum Strand. Wir legen unsere großen Handtücher in den Sand und laufen schnell ins frische Wasser. Wenn wir auf das weite Meer hinaussehen, entdecken wir viele kleine Schiffe.

Sie gehören den Fischern aus dem alten Dorf. Die mutigsten Fischer fahren weit hinaus und fangen die dicksten Makrelen. Am frühen Abend verkaufen sie die Fische in Buden an den Straßen.

Heute treffe ich Chantal aus Nancy. Sie kommt am frühen Nachmittag mit ihrer großen Schwester an. Mit Brian aus Manchester bin ich gleich in der Eisdiele mit dem leckeren Pistazieneis verabredet.

Auch die anderen Kinder vom letzten Jahr sind da. Wir machen am Abend ein riesiges Feuer. Papa hat für uns die leckeren Würstchen gekauft und für sich und Mama eine frische Makrele. Das wird ein tolles Grillfest.

Ganz liebe Grüße vom blauen Meer

Tina

1 Finde die Nomen, Verben und Adjektive in Tinas Brief und markiere sie farbig.

Schwierige Stellen

Wal … Zeug	Gel … Weiser	Sala … Gitter
Schla … Beere	We … Glas	Käfi … Wolke
Zu … Brücke	Siru … Börse	Stau … Schüssel

1 Verbinde die Wörter. Was passt?

2 Setze **d** oder **t**, **b** oder **p**, **g** oder **k** ein. Schreibe die zusammengesetzten Nomen auf.

Abschied Burg
Geschenk Deutschland
Grab Urlaub Weg Zug
Eltern Erlebnis Familie
nämlich Großbritannien
Herr zurück englisch

3 Schreibe die Übungswörter auf.

• Komposita mit Auslautverhärtung
• Übungswörter

• Seite 11

Der Ball ist rund

Ballsport

Toni Müller traf mit seinem Freistoß sieben Minuten nach dem Wechsel nur die Latte. Der erste Treffer fiel dann in der 70. Minute. Kurz vor Schluss verwandelte der Kapitän noch einen Elfmeter zum 2:0.

Am besten spielte der lange Aufbauspieler. Er warf die meisten Bälle in den Korb. Seine Mitspieler bedienten ihn mit gezielten Pässen.

Wer oder was traf die Latte?

1 Frage nach den Subjekten. Schreibe die Fragen auf und markiere die Antworten in den Texten.

Was tut Toni Müller?

2 Frage nach den Prädikaten. Schreibe die Fragen auf und markiere die Antworten in den Texten.

Ballspiele

AN GE FISCH AUF

NIS T EN ER E KORB

1 Bilde mit dem Wortstamm FANG/FÄNG sinnvolle Wörter.

ab en ge nadel erin maschine

NAH
NÄH

er t um

auf zu ge um Um ab ver

DREH

stuhl orgel ung en t bank bar

2 Finde zu den Wortfamilien **nähen** und **drehen** sinnvolle Wörter.

3 Markiere den Wortstamm.

Spiel und Sport

b/bb	p/pp	r/rr	l/ll	f/ff
ro___en	ki___en	Geschi___	Kna___	o___en
Ra___e	Ko___f	Gehi___n	He___d	Stu___e
dri___eln	tri___eln	we___ken	he___	o___t
o___en	Schli___s	Sta___	Scha___e	Kra___t
gra___en	Pa___e	sta___en	fa___en	Stra___e
kri___eln	Na___f	stu___	Ge___d	Sta___el

1 **Prüfe, ob der markierte Selbstlaut lang oder kurz ist, und setze die Mitlaute richtig ein.**

Endlich ertö_n_t der Anpfi_ff_. Der Spie___er ist aufgeregt. (~~n~~ l ~~f~~)

Er za___elt und spri___gt auf dem Ra___en herum. (n p s)

Da___ tri___ er gegen den Ba___. Der so___ in das To___ tre___en. (n l t f r l)

Aber der Ba___ fla___ert in der Lu___t und knallt an die La___e. (f t t l)

Die Zuschauer brü___en: „Ho___ dir beim O___tiker eine Bri___e!" (p l l l)

2 **Setze die Mitlaute richtig ein.**

Spiel mit Wörtern

BALL FELD VORHER ÜBERALL MANNSCHAFT IDEE
TENNIS DESHALB NUMMER STAFFEL STARTEN TURNHALLE
SAMMELN PLAKAT SPIEL AUFSTELLEN

S	C	H	U	L										N	B	O	D	E	N	
T	I	S	C	H							H	A	L	L	E					
F	U	ß					S	P	O	R	T									
H	O	B	B	Y											S	S	P	O	R	T
T	E	N	N	I	S						Z	E	U	G						
B	L	I	C	K					S	P	I	E	L	E	R					
T	R	I	K	O	T							N	F	O	L	G	E			
B	A	L	L								L	A	U	F						
S	P	I	E	L					N	S	A	M	M	L	U	N	G			
W	E	R	B	E							W	A	N	D						

1 **Setze passende Übungswörter in die Lücken ein.**

Die Spieler müssen sich an der Mittellinie ____________________.

Sie wurden ____________________ von den Zuschauern begrüßt.

Doch ____________________ liegen noch Bälle auf dem Spielfeld.

____________________ kann das Spiel noch nicht ____________________.

Erst ____________________ einige Helfer die Bälle ein.

2 **Setze Übungswörter in den Lückentext ein.**

____

____

____

____

3 **Sortiere die Übungswörter aus dem Kasten nach der Anzahl der Silben.**

Feuer und Flamme

Der Versuch

Auf eine feuerfeste Unterlage haben wir zwei Kerzen gestellt. Rechts und links neben meine Kerze habe ich zwei Korken gesetzt. Mit einem Feuerzeug habe ich die Kerzen entzündet. Jana hat ihr Glas über ihre Kerze gestülpt. Gleichzeitig habe ich mein Glas auf die Korken gestellt. Dann haben wir die Kerzenflammen genau beobachtet. Mit einer Uhr haben wir die Brenndauer gestoppt. Meine Kerze hat länger gebrannt als die von Jana.

1 Unterstreiche in jedem Satz die zusammengesetzte Vergangenheit.

Auf eine feuerfeste Unterlage stellten wir

2 Schreibe die Versuchsbeschreibung in der einfachen Vergangenheit auf.

3 Unterstreiche in jedem Satz die einfache Vergangenheit.

Feuer-Rätsel

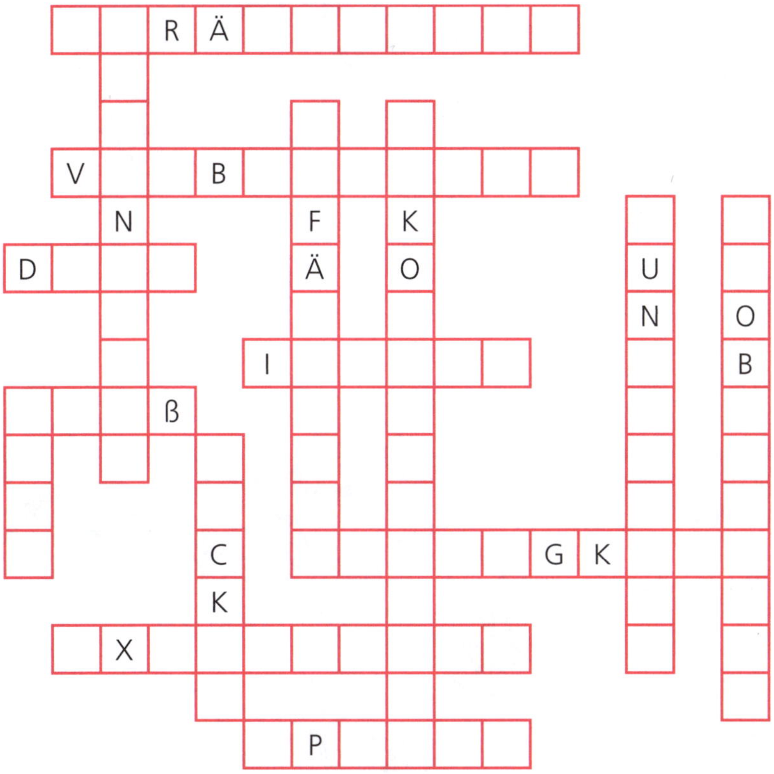

Beobachtung Dunkelheit Erfindung Erkenntnis Experiment
Helligkeit Herd Irrtum Veränderung Verbrennung
packen gefährlich heiß später unkontrolliert dann

1 Trage die Übungswörter in das Rätsel ein.

2 Ein Übungswort ist nicht im Rätsel. Es heißt: ______________________

____

____

____

____

3 Schreibe alle Nomen mit Artikel (Begleiter) auf.

So fit bin ich 1

Wo ist das Subjekt, wo das Prädikat?

Die Sonne scheint.

Im Garten spielen die Kinder.

Mama und Papa bringen den Kindern Würstchen und Pommes.

An einem großen Tisch unter dem Sonnenschirm sitzen und essen Tim, Lea und Selma.

1 Frage im 1. Satz nach dem Subjekt.

2 Frage im 2. Satz nach dem Prädikat.

3 Unterstreiche in allen Sätzen das Subjekt und das Prädikat.

Ich kann im Satz das Subjekt bestimmen.
Ich kann im Satz das Prädikat bestimmen.

☼	☺	😐	☹

Welche Wörter gehören zu einer Wortfamilie?

fürchten   gefühlt   Fühler   furchtlos   fühlen   Furcht   Gefühl   gefürchtet

4 Markiere die Wörter, die zur gleichen Wortfamilie gehören, mit der gleichen Farbe.

5 Schreibe die Wörter geordnet auf und markiere den Wortstamm.

Ich kann Wortstämme erkennen.
Ich kann Wortfamilien finden.

☼	☺	😐	☹

Kontrolle:

Welche Wörter sind Nomen? Wann schreibt man b oder p, d oder t, g oder k?

Kin__heit   Wil__nis   Geschwindi__keit   Heili__tum

drecki__   abgestell__   Erge__nis   Plum__heit

Len__ung   aben__s   Wer__ung   Bekann__schaft

Klu__heit   Gro__heit   angemal__   Zei__ung

1 Setze **b** oder **p**, **d** oder **t**, **g** oder **k** ein.

2 Unterstreiche die Nomen.
Markiere, woran du sie erkannt hast.

Ich weiß, wann man b oder p, d oder t, g oder k schreibt.
Ich kann Nomen mit -heit, -keit, -ung, -nis, -schaft und -tum erkennen.

☼	☺	😐	☹

Wann muss man den Mitlaut verdoppeln?

le$^{s}_{ss}$en   **Ro**$^{b}_{bb}$e   Ki$^{n}_{nn}$o   B**a**$^{l}_{ll}$ Gr**a**$^{s}_{ss}$ s**a**$^{m}_{mm}$eln   H**a**$^{n}_{nn}$d

f**e**$^{s}_{ss}$t   spri$^{n}_{nn}$gen   P**a**$^{d}_{dd}$el   H**a**$^{s}_{ss}$e   kl**e**$^{t}_{tt}$ern   schw**i**$^{m}_{mm}$en

kr**a**$^{b}_{bb}$eln   m**a**$^{l}_{ll}$en   F**e**$^{l}_{ll}$d   Pf**e**$^{f}_{ff}$er   w**e**$^{l}_{ll}$ig   W**i**$^{n}_{nn}$d   s**o**$^{n}_{nn}$ig

3 Streiche die Wörter mit langem Selbstlaut durch.

4 Streiche die Wörter durch, bei denen du nach dem kurzen Selbstlaut verschiedene Mitlaute hörst.

5 Schreibe die Wörter mit doppeltem Mitlaut auf.

Ich weiß, wann man den Mitlaut verdoppeln muss.

☼	☺	😐	☹

Kontrolle:

Feen, Elfen und Kobolde

Bei den Feen, Elfen und Kobolden

Die Elfe tanzt auf dem Blütenblatt.

Hinter dem Wasserfall versteckt sich der Kobold.

Die Fee fliegt hinter den Baum in ihr Versteck.

Vorsichtig kommt der Troll aus seiner unterirdischen Wohnung.

In der Nähe der großen Felsen wohnt der Zwerg.

1 **Schreibe zu jedem Satz die Frage nach der Ortsergänzung auf.**

2 **Markiere in jedem Satz die Ortsergänzung.**

Wo? Woher?
Wohin?

Die Elfen kommen am frühen Morgen aus den Blütenkelchen.

Seit vielen Jahren spuken die Trolle in den Wäldern.

Die gute Fee hilft täglich jemandem.

Etwa drei Monate halten die Kobolde Winterschlaf in ihrer Höhle.

Zwerge baden gern zweimal in der Woche.

3 **Schreibe zu jedem Satz die Frage nach der Zeitergänzung auf.**

4 **Markiere in jedem Satz die Zeitergänzung.**

Wann? Wie oft?
Seit wann?
Wie lange?

• Orts- und Zeitergänzungen

• Seite 31

Gespräche im Wald

Die Maus piepst Ich habe Angst vor dem alten Troll

Der Troll schimpft Die kleine Maus krabbelt in meinem Fell herum und kitzelt mich

Die Elfe denkt Sieht denn niemand hier im Wald, wie ich tanze

Der Hase fragt sich Kann es sein, dass ich eine kleine Elfe gesehen habe

1 **Setze die Redezeichen und die Satzschlusszeichen ein.**

1 Die Elfe **2** Der Kobold **3** Der Troll **4** Die Fee **5** Die Elfe

☐ überlegen	☐ fragen	☐ denken	☐ wünscht sich
☐ nachdenken	☐ sich erinnern	☐ sagen	☐ sich fragen

2 **Denke dir zu jeder Märchenfigur einen Begleitsatz aus. Welches Verb willst du im Begleitsatz verwenden? Trage die Ziffern in die Kästchen ein.**

3 **Schreibe zu jeder Märchenfigur den Begleitsatz und die wörtliche Rede. Denke an die Satzzeichen.**

Sonderbare Höhlen

Gru__ Hal__ Hau__ Klo__

Spie__ Vielfra__

Auswei__ Fel__ Paradie__

hei__ sü__ Hinwei__

Windsto__ Flei__

1 Setze **s** oder **ß** ein. Beachte Quiesels Tipp.

s	ß
die Hälse – der Hals, ________	________
________	________
________	________
________	________
________	________
________	________
________	________
________	________

2 Schreibe die Wörter geordnet mit ihrer Verlängerung auf.

Eine kleine Mau__ saß auf einem Fel__, der war sehr gro__. Es war hei__ und der Schwei__ tropfte auf ihren Fu__. Es fegte kein Windsto__ über das Moo__. Da kam ein Vielfra__ über das Gra__ gelaufen. Er brachte der Mau__ zum Bewei__ seiner Freundschaft einen Strau__ aus Heidekraut.

3 Setze **s** oder **ß** in den Lückentext ein.

Am Rätselfelsen

1 Trenne die Wörter mit Strichen ab.

groß erzählen Moos Fuß Los herrlich Kobold nehmen
Kreis viel Glas weiß Gast zahlreich Fee Spaß

2 Trage die Wörter an die richtige Stelle auf den Felsen ein.

1. anderes Wort für **Besucher**
2. Name für eine runde Fläche
3. grünes Polster auf dem Waldboden
4. Gegenteil von **wenig**
5. man kauft es, um zu gewinnen
6. Fabelwesen im Wald
7. Material für Trinkgeschirr
8. Körperteil
9. Gegenteil von **geben**
10. anderes Wort für **schön**

3 Trage die gesuchten Übungswörter in das Rätsel ein.

Das Lösungswort heißt: ______________________

Rund ums Buch

Gestern ging Kilian in den Buchladen um die Ecke. Er wollte ein Geburtstagsgeschenk für seinen Freund Jasper kaufen. Schnell fand er ein Buch über Piraten. Er kaufte das Buch und ließ es einpacken.
Zu Hause legte er das Buch auf seinen Schreibtisch. Anschließend ging er zum Fußballtraining. Als er zurückkam, lag das Buch nicht mehr an seinem Platz. „Ich hab es doch dort hingelegt", dachte sich Kilian verwundert. „Mama, hast du mein Buch gesehen?", fragte er die Mutter ratlos. Aber Mama hatte keine Ahnung. Kilian suchte sein ganzes Zimmer ab. Er guckte in jede Ecke. Dann suchte er in den anderen Zimmern der Wohnung. Als er schon aufgeben wollte, fand er plötzlich das Geschenkpapier unter dem Sofa im Wohnzimmer. Das Piratenbuch war weg.

1 Denke dir einen Schluss zu der Geschichte aus.

2 Denke dir eine Überschrift zu der Geschichte aus.

3 Unterstreiche Einleitung, Hauptteil und Schluss der Geschichte mit verschiedenen Farben.

4 Vergleicht eure Ergebnisse.

- Einleitung, Hauptteil, Schluss erkennen
- Schluss schreiben

• Seite 38

In der Bücherei

Ida liest einen Krimi.

Leon malt einen Vampir.

Lilia liest ein Pferdebuch.

1 Frage in jedem Satz nach der Wen-oder-was-Ergänzung und schreibe sie auf.
Unterstreiche die Wen-oder-was-Ergänzung.

2 Schreibe weitere Sätze zu dem Bild.
Unterstreiche die Wen-oder-was-Ergänzungen.

Wörter mit silbentrennendem h

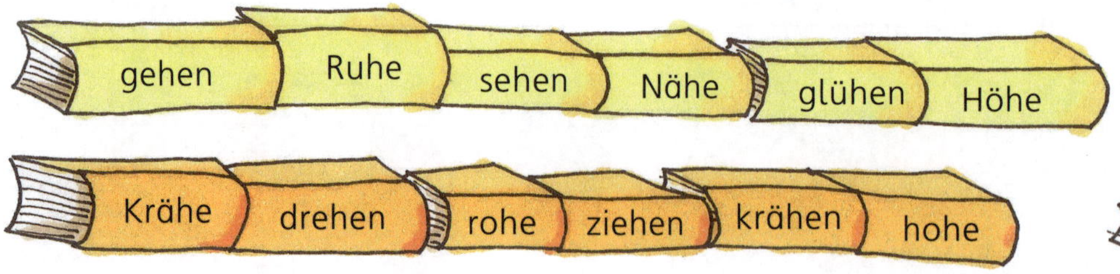

1 Schreibe die Wörter in Silben zerlegt auf. Markiere das silbentrennende **h**.

aufstehen	ausgeruht	Drehwurm	stehen	Ruhe	Ruheraum	gedreht
drehen	Stehtisch	Drehung	steht	ruhst	dreht	ruhig	anstehen

2 Sortiere die Wörter nach Wortfamilien. Markiere den Wortstamm.

Kuh – Kühe – Kü-he
froh –
Reh –
Floh –

Zeh –
nah –
roh –
Schuh –

3 Schreibe die Wörter auf und markiere wie im Beispiel.

Rätselspaß

Daran erkennst du, wo du ein Buch in der Bücherei findest: ___ ___ ___ ___ ___ ___ ___ ___

Wilde Farbpunkte nennt man auch ___ ___ ___ ___ ___ ___ e .

Eine Firma, die ein Buch veröffentlicht, ist ein ___ ___ ___ ___ ___ ___ .

Das Gegenteil von **Lärm** ist ___ ___ ___ ___.

Ein verwandtes Verb zu **Trick** ist ___ ___ ___ ___ ___ ___ ___ ___ .

Ein anderes Wort für **Feier** ist ___ ___ ___ ___ ___.

Informationen über etwas herausfinden, nennt man ___ ___ ___ ___ ___ ___ ___ ___ ___ ___ ___ ___ ___ .

Ein verwandtes Adjektiv zu **Interesse** ist ___ ___ ___ ___ ___ ___ ___ ___ ___ ___ ___ .

Das Gegenteil von **sitzen** ist ___ ___ ___ ___ ___ ___ .

In der Bücherei muss man Bücher nicht kaufen, sondern aus ___ ___ ___ ___ ___ ___ .

Etwas aufschreiben nennt man auch ___ ___ ___ ___ ___ ___ ___ ___ .

Sich für etwas entscheiden: aus ___ ___ ___ ___ ___ ___

Lösung: ___ ___ ___ ___ ___ ___ ___ ___ ___ ___ ___ ___

- Klecks
- Mühe
- Ruhe
- gehen
- leihen
- näher
- stehen
- tricksen
- Signatur
- Illustration
- Party
- Verlag
- notieren
- recherchieren
- interessant
- wählen

1 **Setze die Übungswörter ein. Diese Wörter kommen nicht im Rätsel vor:**

____

Freundschaft

Wörterspiele

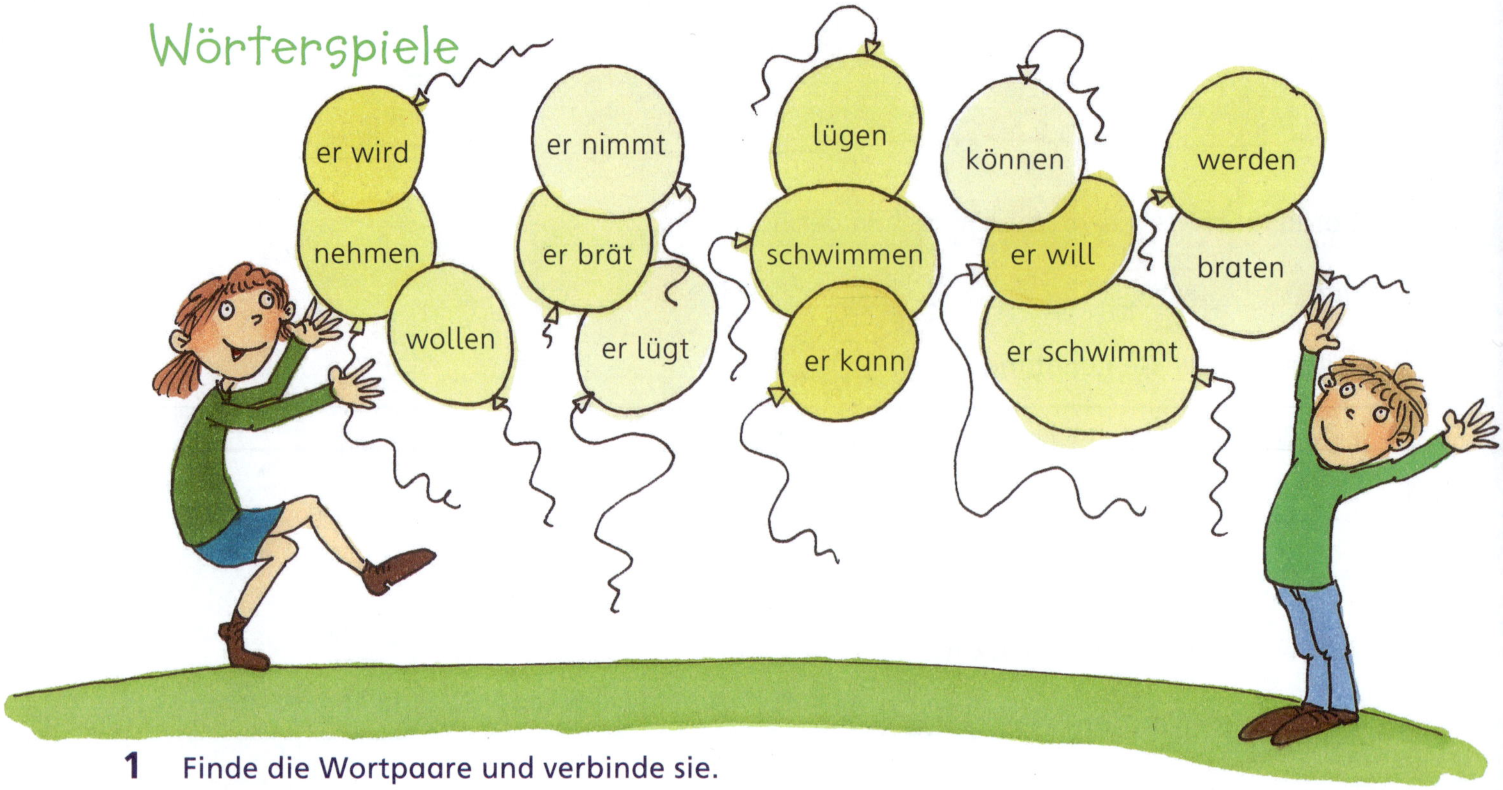

1 Finde die Wortpaare und verbinde sie.

FEHLER	Grundform	Personalform	Seite
er belt	bellen	er bellt	
sie grähbt			
du treumst			
er lopt			
sie bakt			
du näst			
er stielt			
es glüt			

2 Schlage die falsch geschriebenen Verben nach und ergänze die Tabelle.

3 Schreibe auf, in welchem Wörterbuch du nachgeschlagen hast.

- Verben nachschlagen
- Grundformen von Verben bilden

- Seite 46

Wörter nachschlagen

 + 

das ________ (S. __) + der ________ (S. __) → der ________

 + 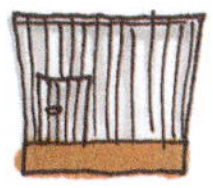

________ (S. __) + ________ (S. __) → ________

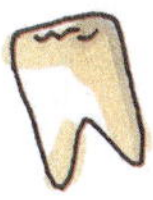 + 

________ (S. __) + ________ (S. __) → ________

 + 

________ (S. __) + ________ (S. __) → ________

1 Suche die einzelnen Nomen im Wörterbuch und schreibe sie mit Artikel (Begleiter) auf. Schreibe dann die zusammengesetzten Nomen auf.

C/K owboy (S. __)

V/W eranda (S. __)

f/pf lücken (S. __)

v/w ahrscheinlich (S. __)

F/Pf arrer (S. __)

c/k ontrollieren (S. __)

f/pf otografieren (S. __)

C/K etchup (S. __)

v/f oll (S. __)

2 Wo findest du die Wörter im Wörterbuch? Schreibe die Seitenzahl auf und markiere den richtigen Anfangsbuchstaben.

- Komposita nachschlagen
- Wörter mit V/W, F/Pf, C/K nachschlagen

- Seite 47

Überraschungen

Wann soll ich heute zu dir kommen fragt Julita ihre Freundin Cara

Komm am besten so gegen 4 Uhr vorbei schlägt Cara vor

Warum soll ich denn erst so spät kommen möchte Julita wissen

Ich muss noch eine Überraschung für dich vorbereiten erklärt Cara

Oh toll freut sich Julita

Also, dann bis um 4 Uhr bei mir sagt Cara

1 Unterstreiche die Sätze rot, in denen gesprochen wird.

2 Unterstreiche die Begleitsätze grün.

3 Ergänze bei den Sätzen die Satzzeichen und die Redezeichen.

4 Schreibe das Gespräch auf.

• wörtliche Rede mit nachgestelltem Begleitsatz

• Seite 48

Knobelei

ein	aus	an	über	ver	auf	be	mit	vor	ab	zu

rechnen | stellen | brechen | bauen | teilen

1 Welche sinnvollen Verben können entstehen? Male die Kreise aus.

2 Schreibe die Verben auf, bei denen beim Zusammensetzen zwei Mitlaute aufeinandertreffen.

jetzt	annehmen	Entschuldigung	aussuchen
hinterher	haben	kündigen	fühlen
laufen	Unterricht	müssen	sehen
verraten	Freundschaft	weggehen	ihm

3 Schreibe die Übungswörter richtig auf.

So fit bin ich 2

Wo sind die Ortsergänzung und die Zeitergänzung?

Opa sucht sein altes geliebtes Fotoalbum.

Schon seit Tagen stellt er die Wohnung auf den Kopf.

Er sucht sogar in Oles Zimmer.

Jetzt zeigt Ole Opa das Fotoalbum unter seinem Kopfkissen.

1 **Frage im 2. Satz nach der Zeitergänzung.**

2 **Frage im 3. Satz nach der Ortsergänzung.**

3 **Unterstreiche in allen Sätzen Subjekt, Ortsergänzung und Zeitergänzung.**

Ich kann im Satz die Zeitergänzung und die Ortsergänzung bestimmen.

🌞	☺	😐	☹

Welche Satzzeichen muss man bei der wörtlichen Rede setzen?

Der Zwerg flüstert Sei vorsichtig im dunklen Berg

Wo ist denn meine Lampe fragt der Kobold ungeduldig

Mach hier nicht so einen Krach meckert ihn der Zwerg an

Wir wollen doch den Drachen nicht wecken erklärt er anschließend

4 **Unterstreiche die wörtliche Rede und die Begleitsätze mit verschiedenen Farben.**

5 **Setze die Satzzeichen.**

Ich kann bei der wörtlichen Rede die Satzzeichen setzen.

🌞	☺	😐	☹

Kontrolle:

Welche Wörter schreibt man mit ß?

hei → heißer → heiß	Krei →
Moo →	wei →
un →	Lo →
Flei →	Fu →

1 Verlängere die Wörter. Klingt das s wie bei **Späße** oder wie bei **Gläser**?

2 Entscheide, ob **s** oder **ß,** und schreibe auf.

Ich weiß, wann man Wörter mit ß schreibt.

☼	☺	😐	☹

Wann schreibt man ein silbentrennendes h?

Kin___der	blü___en	zie___en	zei___gen	Ze___e	Hö___e
mä___en	nä___en	spä___en	ru___en	la___chen	flie___en
fle___en	Nä___e	se___en	dro___en	lau___fen	ge___en
Re___e	Schu___e	gewin___nen	dre___en	Rei___e	le___sen

3 Bei welchen Wörtern fehlt das silbentrennende h? Setze ein.

4 Schreibe die Wörter mit silbentrennendem h auf. Markiere das **h** und die beiden Vokale an der Silbenfuge mit verschiedenen Farben.

Ich weiß, wann man ein silbentrennendes h schreibt.

☼	☺	😐	☹

Kontrolle:

Film ab!

Filmszenen

Der Hausmeister hilft dem Jungen.

Wem hilft der Hausmeister? – dem Jungen

1 Schreibe zu jedem Bild einen Satz.

2 Frage in jedem Satz nach der Wem-Ergänzung.
Schreibe die Frage und die Antwort auf.

3 Markiere in den Sätzen alle Satzglieder.

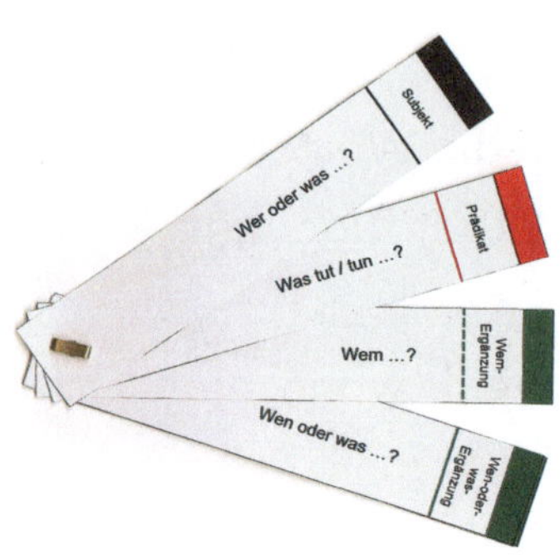

Filmzubehör

Lich[t]techni[k]	Stran[ ]spielzeu[ ]	Bil[ ]ban[ ]
Han[ ]taschen	Win[ ]ra[ ]	Gol[ ]stau[ ]
Bur[ ]modell	Mikrosko[ ]	Sta[ ]puppen

Lichter – Licht, Techniker – Technik,

1 Verlängere die Wörter und setze **b** und **p**, **d** und **t**, **g** und **k** ein. Schreibe immer beide Wörter auf.

b/p	d/t	g/k
geben – ga[b]	rä[ ]	brin[ ]t
lo[ ]t	bo[ ]	hin[ ]t
blie[ ]	rie[ ]	len[ ]t
pie[ ]t	fan[ ]	fra[ ]t
le[ ]t	ban[ ]	ma[ ]
hu[ ]t	ba[ ]	den[ ]t
he[ ]t	lu[ ]	schlu[ ]

2 Schreibe die Verben in der Grundform auf und ergänze den fehlenden Buchstaben.

Verwandte Wörter

Ger___sche umr___men fr___ndlich Geldf___lscher

Geb___de h___te gef___hrlich ___ndlos

z___nkisch aufr___gend Sz___ne Gef___ngnis

M___te t___flisch ___ngstlich

1 Setze **e** oder **ä**, **eu** oder **äu** ein.

2 Schreibe zu den ä-Wörtern ein verwandtes Wort mit **a** und zu den äu-Wörtern ein verwandtes Wort mit **au** auf.

waagerecht:
1 Zimmer
2 Heilpflanzen
3 Diebesgut
4 kleines Auge

senkrecht:
5 Nachtvogel
6 Menschen
7 Gymnastikgerät
8 Häuser

3 Löse das Rätsel.

Im Kino

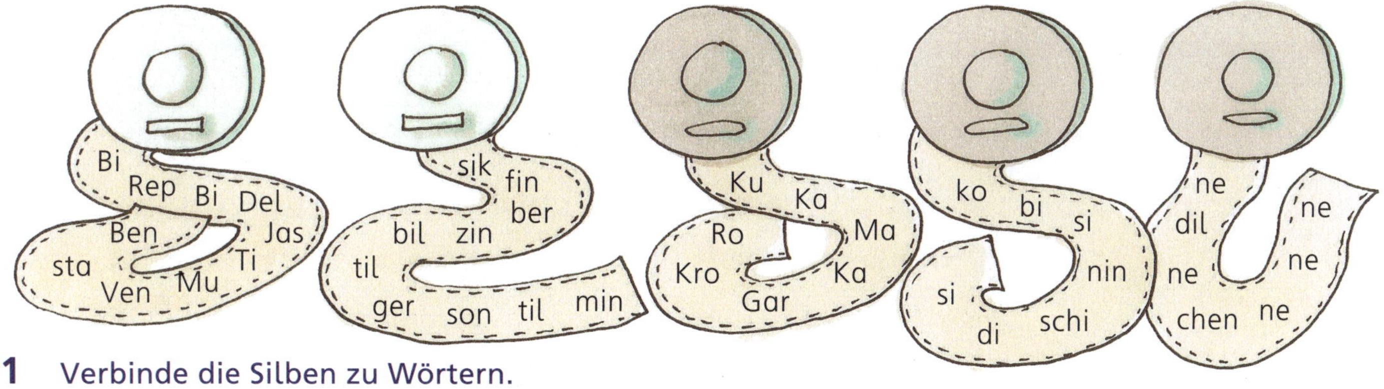

1 Verbinde die Silben zu Wörtern.

-ine ______________________________

-il ______________________________

-in ______________________________

andere Wörter ______________________________

____

2 Sortiere die Wörter und schreibe sie auf. Markiere immer das **i**.

klug Erfolg
Drehbuch Szene
Gebäude
Requisiten
aufregend Freund
ängstlich Kino
Tipp Vorführung
spannend
Geräusch
Publikum
verfolgen

3 Trage die Wörter in das Rätsel ein.

In der Ritterzeit

Festmahl auf der Burg

Mönch **Ritter** **Koch** **Quiesel** **Zofen** **Küchenjungen**

lustige Geschichten erzählen — köstliche Speisen zubereiten

der Burgherrin beim Anziehen helfen — das Feuer im Herd anmachen

einen Gottesdienst abhalten — das Burgtor bewachen

Ihr werdet ______________________________

____

Er ______________________________

____

Du ______________________________

____

Wir ______________________________

____

Sie ______________________________

____

Ich ______________________________

____

1 Wer wird was für das Fest tun? Bilde Sätze mit der Zukunftsform des Verbs. Trage sie in die richtige Sprechblase ein.

2 Markiere in jedem Satz das Pronomen und die Form von **werden**.

• Funktion des Futurs
• Personalformen von werden

• Seite 63

So redeten die Rittersleute

- etwas im Schilde führen
- auf hohem Ross sitzen
- etwas ausbaden müssen
- edel sein
- im Stich lassen
- die Daumen drücken
- fest im Sattel sitzen
- jemanden im Visier haben
- jemandem unter die Arme greifen

- die Folgen tragen müssen
- jemanden allein lassen
- etwas vorhaben
- vornehm und gut sein
- eine sichere Position haben
- jemandem Glück wünschen
- jemanden genau beobachten
- jemandem helfen
- überheblich sein

1 Verbinde die Redensart mit der heutigen Bedeutung.

Ich nehme meinen Gegner ins Visier. Er sitzt auf hohem Ross. Doch ich weiß, was er im Schilde führt. Mein Knappe lässt mich nicht im Stich und greift mir unter die Arme. Ich gewinne das Turnier, weil mir alle die Daumen drücken.

2 Markiere die Redensarten.

3 Schreibe auf, was der Ritter erzählt. Verwende die heutigen Bedeutungen.

Auf dem Burghof

M	Q	D	Ä	M	M	E	R	U	N	G	I	V	M	Ä	R	C	H	E	N
Ä	V	X	M	Ä	Ä	B	U	U	N	K	Q	Ü	M	M	G	Ü	K	D	F
D	I	H	K	H	R	Q	I	K	Ä	N	G	U	R	U	T	Ö	B	S	L
C	J	C	B	N	Z	W	L	Ä	R	M	W	S	W	G	E	R	Ä	T	X
H	X	B	L	E	Z	A	B	F	C	N	G	Ü	D	F	L	S	R	Ö	Q
E	Q	J	U	T	K	Ä	S	E	B	N	E	C	O	K	K	Ä	F	I	G
N	W	I	V	S	V	V	O	R	W	Ä	R	T	S	L	P	G	Ä	P	D
J	S	C	H	R	Ä	G	V	C	U	B	Ä	Ä	I	V	Q	E	O	J	W
Ö	N	W	I	O	Q	W	T	T	I	G	T	C	B	F	Ü	N	L	S	Ä

Ⓜ **1** **Finde alle 16 Merkwörter mit ä und markiere sie.**

____

____

____

____

2 **Schreibe die Wörter auf.**

Der B______________ macht im K______________ viel L______________.

Das M________________ kämmt dem Pferd die M________________.

In der D______________________ kommt der Ritter schlecht v______________.

Mit einem G________________ aus Eisen schneidet der Koch große Stücke vom K________________.

Der Sänger singt und erzählt ein M______________________.

Im Monat M________________ krabbeln schon die ersten K________________.

3 **Setze passende ä-Wörter in die Sätze ein.**

Bilderrätsel

~~1~~, ~~2~~, 7 = u, 8 = n, 9 = g

4 = i, 6 = d

~~3~~, 5 = l

6 = r, 7 = t

~~1~~, ~~2~~, 3 = w, 7 = i, 8 = g,

~~1~~, 5 = e, 6 = r, 7 = n

~~1~~, 2 = entf

~~1~~, 6 = d, 7 = s

1 Löse die Rätsel und schreibe die Wörter auf.

SAALRBÄRIABENDSTDÄMMERUNGTFEIERNEGERÄTRWÜRZIGFMÄDCHENEENT
FACHENSMÄRCHENTSCHWERTMSÄGENASCHILDHSPÄTLRÜSTUNGWÄHREND

2 Finde die Übungswörter und kreise sie ein.

3 Die übrigen Buchstaben ergeben das Lösungswort: ____________

4 Schreibe die Übungswörter auf.

Kinder der Welt

Karlotta und das Sorgenpüppchen

Karlotta hat von ihrer Tante ein Sorgenpüppchen keschenkt bekomen. Das Sorgentierchen soll ihr helfen, wenn sie Sorgen hat. Heute hatte Karlotta Streit mit ihrer besten Froindin Sarah. Sie hat die Soge, dass sie sich nicht mehr vertragen hatten. am nächsten Tag sind Karlotta und Sarah wieder beste. Abends erzählt Karlotta vor dem Einschlafen dem Püppchen von ihren Sorgen und legte es unter ihr Kopfkisen.

1 Lies den Text und finde die Fehler.

2 Markiere die Fehler und schreibe die passenden Korrekturzeichen an den rechten Rand.

Korrekturzeichen

R Rechtschreibfehler

Z falsche Zeit

A treffenderer Ausdruck/falsches Wort

V fehlende Wörter

X Reihenfolge der Sätze umstellen

3 Schreibe den überarbeiteten Text richtig auf.

Wer ist wer?

1. Phil hat einen Fußball in seiner Hand.
2. Fabians Hose ist grün.
3. Senar steht ganz rechts außen und hat ein großes, rotes Quadrat auf dem T-Shirt.
4. Fabian steht neben Shema.
5. Senar trägt eine Pelzmütze.
6. Shema trägt ein gestreiftes T-Shirt und eine schwarze Hose.
7. Fabians T-Shirt ist grün.
8. Phil trägt ein Trikot mit einer 1 und steht außen.
9. Shema steht neben Senar.
10. Das Kind mit der Pelzmütze trägt eine gelbe Hose.
11. Phil trägt schöne schwarze Fußballschuhe.
12. Das Kind mit dem grünen T-Shirt trägt heute seine Sandalen.

1 **Male die Kinder so an, wie sie in den Sätzen beschrieben werden, und schreibe ihre Namen auf.**

- Logical
- genau lesen und anmalen

Die Weltkarte

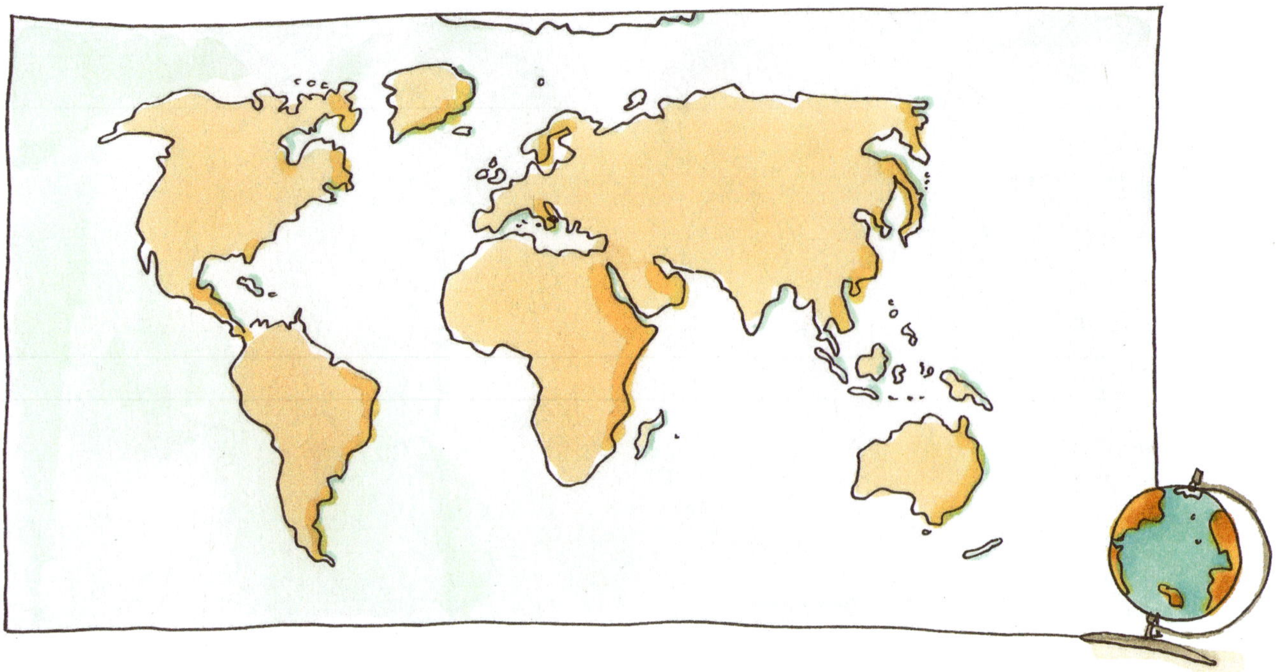

Auf dieser Weltkarte gibt es ______________________________.

Die Kontinente umgibt eine blaue Fläche, die Meere.

In diesen Meeren kann man ____________________ begegnen.

____________________ auf Weltkarten kann man oft sehr gut

an der großen braunen Färbung erkennen.

____________________ ist das größte Land der Welt.

Island ____________________ sehr nahe an Grönland.

Brasilien liegt ______________________________.

Schaut man genau, so kann man östlich von Australien

____________________ erkennen.

Italien ähnelt ____________________,

daran kann man das Land gut erkennen.

1 **Ergänze die Lücken.**

2 **Um welche Satzglieder handelt es sich bei den Lückenwörtern? Markiere die Satzglieder mit den richtigen Farben.**

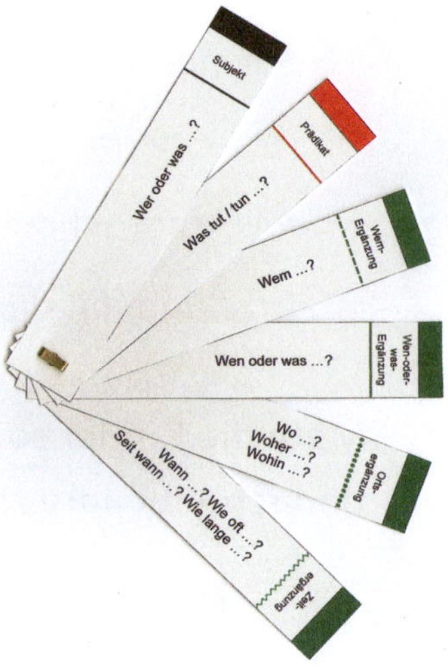

Tiere dieser Welt

Lösung: W _ _ _ _ M _ _ _ _

M 1 Löse das Rätsel.

2 Bilde mit jedem Nomen ein zusammengesetztes Wort.

EINWOHNERLEHMTOURWECHSELNVERHÄLTNISFREMDDACHSEIDECHSE
ERWACHSENEOCHSEFUCHSLUCHSGEWÄCHSFERNGROẞVATERALLE

3 Trenne die Übungswörter mit Strichen ab.

4 Schreibe die Übungswörter nach dem Abc geordnet auf.

Im Urwald

Der Regenwald am Amazonas

1 Das Nomen **Regenwald** steht in den Sprechblasen in den vier Fällen. Unterstreiche in jeder Sprechblase das Nomen mit Artikel (Begleiter).

Wer oder was ist ein naturbelassener Wald? ______

– der Regenwald, Wer-oder-was-Fall ______

______

______

______

______

______

______

2 Bestimme die Fälle mit den Fragen auf dem Tipp-Schild.

Die **Avocado** ist eine große Beerenfrucht. Wer-oder-was-Fall ______

______ muss man den Kern entnehmen. ______

Auch für Cremes kann man ______ verwenden. ______

Das Fruchtfleisch ______ wird verzehrt. ______

3 Ergänze die Sätze mit dem Nomen **Avocado** und schreibe den passenden Fall dazu.

Schnell und langsam

Maus		8 km/h
Flusspferd		____ km/h
Gepard		____ km/h
Tausendfüßer		____ km/h

Das Flusspferd läuft ______________________.

Die Maus läuft ______________________ als der Tausendfüßer.

Der Gepard läuft ______________________ von allen Tieren.

Der Tausendfüßer läuft ______________________ als die Maus.

Er läuft von allen Tieren ______________________.

1 Vergleiche die Geschwindigkeiten der Tiere. Ergänze die Sätze zu dem Diagramm.

am frühesten   viel   hart   klug   weit   besser   schmal   stärker   groß

Grundform	Vergleichsstufe 1	Vergleichsstufe 2

2 Trage die Adjektive in die Tabelle ein und ergänze die fehlenden Formen.

Besondere Stämme

Zahl lehnen wählen sehr Fühler Fehler Zähne Höhle
nehmen führen zähmen rühmen fahren Sohn Bühne
Fohlen Fahne lahm Löhne Röhre Fähre Ohren

	a	**h**	l		
	a	**h**	m		
	a	**h**	n		
	a	**h**	r		

	ä	**h**	l		
	ä	**h**	m		
	ä	**h**	n		
	ä	**h**	r		

	e	**h**	l		
	e	**h**	m		
	e	**h**	n		
	e	**h**	r		

	ü	**h**	l		
	ü	**h**	m		
	ü	**h**	n		
	ü	**h**	r		

	o	**h**	l		
	o	**h**	n		
	O	**h**	r		

	ö	**h**	l	
	ö	**h**	n	
	ö	**h**	r	

Ⓜ **1** Trage die Wörter an die passende Stelle im Stamm ein.

2 Markiere alle Buchstaben hinter dem Dehnungs-h. Es sind: ____, ____, ____, ____

		a	**h**			
		a	**h**			
		a	**h**			
		a	**h**			

		e	**h**			
		e	**h**			
		e	**h**			
		e	**h**			

		ä	**h**			
		ä	**h**			
		ä	**h**			
		ä	**h**			

		ü	**h**			
		ü	**h**			
		ü	**h**			
		ü	**h**			

Ⓜ **3** Finde weitere Wörter mit Dehnungs-h und trage sie ein.

Termiten

1 Trenne die Wörter mit Strichen ab.

___ ___ k ___ ___ ___   w o ___ ___ ___ ___   ___ qu ___ ___ ___ ___

___ ___ l ___ ___ ___ ___   ___ ___ w ___ ___ ___ ___ ___

___ ___ n ___   ___ ___ b ___ ___ ___   ___ a ___ ___ ___ ___ ___

___ ___ i ___ ___   ___ o ___ ___

___ r ___ ___ ___ ___ ___ ___   ___ ___ r ___   ___ a ___ ___

___ ___ ___ r   ___ ___ ___ h ___ ___ ___   ___ ö ___ ___ ___

2 Trage die Wörter an der richtigen Stelle ein.

Nomen	Verben
______________________	______________________
______________________	______________________
______________________	______________________
______________________	**Adjektive**
______________________	______________________
______________________	______________________
______________________	

3 Ordne die Wörter in die Wortarten Tabelle ein. Ergänze bei den Nomen den Artikel (Begleiter). Diese Wörter bleiben übrig:

____

So fit bin ich 3

Wo sind Subjekt, Prädikat, Wen-oder-was-Ergänzung und Wem-Ergänzung?

Der Lehrer gibt dem Jungen das Mikrofon.

Liu Chenyu trägt den anderen Kindern sein Referat vor.

Die Kinder spenden dem Redner großen Beifall.

Der Lehrer übergibt Liu Chenyu eine Urkunde.

____

____

1 Frage im 1. und 2. Satz nach der Wem-Ergänzung.

2 Unterstreiche in allen Sätzen das Subjekt, das Prädikat, die Wen-oder-was-Ergänzung und die Wem-Ergänzung.

Ich kann Subjekt und Prädikat, Wen-oder-was-Ergänzung und Wem-Ergänzung bestimmen.

☼	☺	😐	☹

Wie wird die Zukunftsform der Verben gebildet?

scheinen kommen feiern tanzen blasen singen

Der König erzählt: „In zwei Jahren ______________ ich meinen 50. Geburtstag ______________. Natürlich ______________ du auch ______________, Kunibert. Die Sonne ______________ ______________ wie noch nie. Die Trompeter ______________ in ihre Instrumente ______________, und ihr ______________ bis spät in die Nacht ______________. Wir ______________ wunderschöne Lieder ______________, bis uns die Vögel ablösen.

3 Trage die Verben ein. Verwende die Zukunftsform.

Ich kann die Zukunftsform der Verben bilden.

☼	☺	😐	☹

Kontrolle:

In welchen Fällen können Nomen stehen?

Die Schreie der Vögel geben den Tieren ein Zeichen.

1 Frage bei den unterstrichenen Nomen nach dem Fall.

Wer-oder-was-Fall: ______ Wessen-Fall: ______

Wem-Fall: ______ Wen-oder-was-Fall: ______

2 Trage die Nomen beim richtigen Fall ein.

Ich kann die Fälle der Nomen bestimmen.

☼	☺	😐	☹

Welche Wörter schreibe ich mit langem i, mit ä oder mit Dehnungs-h?

Delf___n	wo___nen	o___ne	se___r	K___no	Ros___ne
ho___l	Kab___ne	B___r	stab___l	l___rmen	s___gen
M___dchen	Za___l	i___r	w___hrend		

M 3 Lies die Wörter. Setze **i**, **ä** oder **h** ein.

i ______

h ______

ä ______

4 Schreibe die Wörter geordnet auf.

Ich kann Wörter mit langem i, ä oder Dehnungs-h schreiben.

☼	☺	😐	☹

Kontrolle:

Bilder lesen

Wir räumen auf

Wo ist die Pfanne? – an dem Haken

1 Wo sind die Gegenstände? Schreibe Fragen und Antworten auf.

2 Markiere in den Antworten den Artikel (Begleiter) und das Nomen im Wem-Fall.

Wohin gehört die Pfanne? – auf den Herd

3 Wohin gehören die Gegenstände? Schreibe Fragen und Antworten auf.

4 Markiere in den Antworten den Artikel (Begleiter) und das Nomen im Wen-oder-was-Fall.

Was stimmt hier nicht?

steinklar
quellsüß
messerweich
rabenrosa
butterscharf
bärenrein
glashart
zuckerfrisch
lupenstark
schweinchenschwarz

1 Hier wurden Adjektive falsch zusammengesetzt.
Setze die Adjektive richtig zusammen und schreibe sie auf.

atmungsaktiv
zuckersüß
knackfrisch
kuschelweich
steinhart
wasserdicht
lupenrein
quellfrisch
schneeweiß

2 Setze passende zusammengesetzte Adjektive ein.

Verschiedene Museen

Pflanzen Puppen Autos Fische Gemälde Ballon Fossilien
Flugzeug Skelette Zeppelin Bilder Eisenbahnen Teddys
Schmuck Reptilien Fallschirm Fotos Roller Rakete Skulpturen

Im Luftfahrtmuseum gibt es einen Zeppelin,

1 Schreibe auf, was man in den Museen sehen kann. Denke an die Kommas.

Fehler finden mit der Quiesel-Karte

Quiesel will einen comic zeichnen. Er selbst sol die Hauptfigur sein. Zunächst fertikt Quiesel lustige skizzen von sich und zwei Menschen an. Dann überlegt er sich eine Handlung und eine wizzige Pointe für den Schluss. Mit dem entwurf ist er ser zufriden. Danach begint er mit einem schwazen Stift zu zeichnen.

1 Lies den Text mit der Quiesel-Karte und markiere die Fehler.

2 Schreibe den Text richtig auf.

SMMMSMM	SMMSMMSMSM	MSSMMS	MSMSMMSM	MSMMSMMM	
SSMMSMMSM	MMMMSMM	SMSMMSMMMSM	MMSMM	MMSMMS	
MSMMMSMM	MSMSM	MSMSSMSM	SMMSMM	MSMMSSMSM	MSMM

Handlung Schluss Stift Text anfertigen bekommen einfärben Comic
bestimmt Effekt Pointe Skizze notieren ähnlich überraschen zufrieden

3 Welche Wörter verbergen sich hinter der Geheimschrift? Schreibe sie auf.

Selten so gelacht

Kinderwitze

Der Lehrer ist sauer und schimpft mit Tim: „Du hast die gleichen Fehler in der Mathematikarbeit wie deine Nachbarin Luisa. Hast du dafür eine einleuchtende Erklärung?“

Am Abend fragt der Vater seinen Sohn. „Warum hast du heute Ärger in der Schule gehabt?“ Der Junge antwortet: „Ich bin doch keine Petze!“ Da will der Vater Genaueres wissen und fragt nach: „Um wen ging es und worum?“ Da sagt der Sohn:

Im Zoo sieht die besorgte Mutter, wie ihr kleiner Junge zielstrebig auf den Tigerkäfig zugeht. Da bekommt sie es mit der Angst zu tun und ruft: „Benni, geh nicht zu den Tigern!“ Benni schaut seine Mutter nur verständnislos an und erklärt:

Im Café erzählt die Verkäuferin von der Käsetheke ihrer Freundin: „Gestern war ein Frosch bei mir im Laden.“ Die Freundin schaut ganz verdutzt und fragt: „Und, was hat er gesagt?“

„Aber Mami, ich tue den Tigern doch gar nichts.“

„Es ging um dich, Papa. Der Lehrer wollte wissen, wer meinen Aufsatz geschrieben hat.“

„Klar!“, antwortet Tim. „Wir beide haben Sie als Lehrer.“

„Quark!“

1 **Zu welchen Witzen passen die Pointen? Schreibe die Pointen jeweils neben die Witze.**

Auf diese Art und Weise

Womit spielen die Kinder am Nordpol?
Womit komme ich am schnellsten zum Zahnarzt?
Wie wird jemand, der ins Rote Meer fällt?
Wie viele Erbsen können in ein leeres Glas?
Wie fühlt sich ein Beifahrer im Auto?
Mit welchen Augen kann ein Mensch nicht sehen?
Womit beginnt der Tag und hört die Nacht auf?
Was ist klein beim Kamel und groß bei der Mücke?

klatschnass
mit Eiswürfeln
mit dem Buchstaben t
mit der Zahnradbahn
der Buchstabe m
mit den Hühneraugen
mitgenommen
eine einzige Erbse

1 Zu welchen Fragen passen die Antworten? Verbinde.

Die Kinder am Nordpol

2 Schreibe Sätze zu den Fragen und Antworten.

3 Markiere die Ergänzungen der Art und Weise.

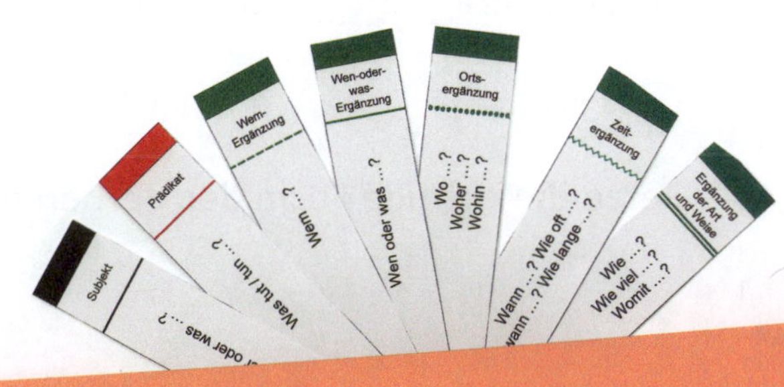

Hier stimmt etwas nicht!

Die Milch läuft beim Kochen leicht ~~ein~~. über
Im Stadion läuft gerade die Heimmannschaft weg. ______
Der Dieb läuft vor der Polizei frei. ______
Nach einer kurzen Pause laufen die Sportler über. ______
Auf dem Hof von Ole laufen die Hühner voll. ______
Bei dem Wetter läuft die Regentonne schnell weiter. ______
Nach dem Schuss laufen die Athleten leer. ______
In kurzer Zeit läuft die Wanne los. ______
Die Zeit läuft bald zu. ______
Der kleine Hund läuft der Frau ab. ______

1 **Lies die Sätze. Unterstreiche in jedem Satz die beiden Teile der Verben.**

2 **Was stimmt nicht? Streiche die falschen Wörter durch und schreibe die richtigen Wörter auf.**

überlaufen, ______

______

______

______

3 **Schreibe die zusammengesetzten Verben mit laufen auf.**

Der Waldarbeiter ______ den Ast ______.
Die Kerze ______ langsam ______.
Papa ______ die Zitrone ______.
Die Kartoffeln ______ im Topf schon ______.
Der Zug ______ in 15 Minuten von Gleis 2 ______.
Tante Mia ______ auf klassische Musik ______.
Der Fuchs ______ mit der Gans ______.

abfahren
abhauen
anbrennen
ausdrücken

4 **Setze die richtige Form der Verben ein.**

Merkwörter

1 Welche Wörter kannst du zusammensetzen? Verbinde.

2 Schreibe die zusammengesetzten Wörter auf. Unterstreiche das **ai**.

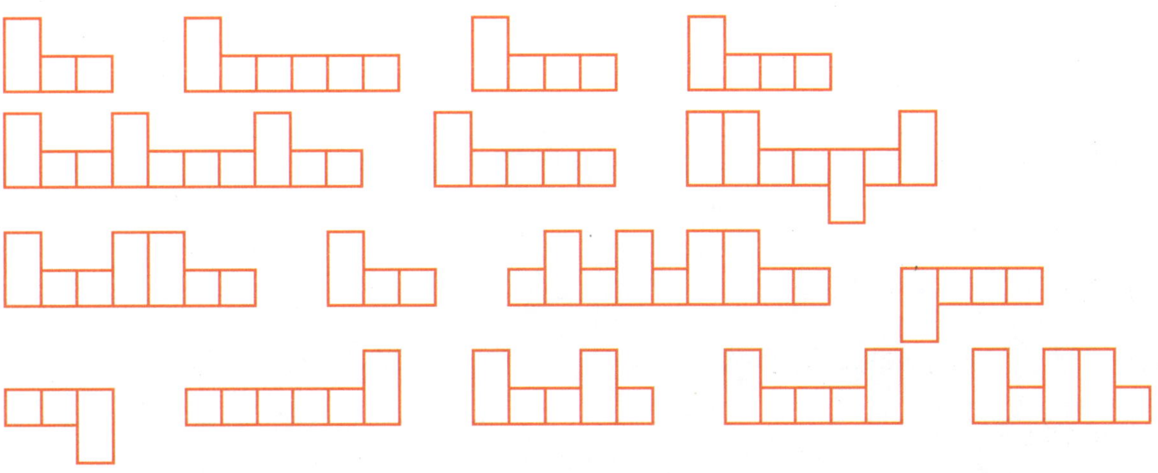

Zentimeter Kaiser Laie zuerst Mai Hilfe Mais Problem weg
Hai Saite abstatten Waise Klingel Laich ganz

3 Trage die Wörter ein.

Rad fahren

Olivias Fahrt

1 Olivia will zu Jonas fahren, aber eine Baustelle versperrt ihr den Weg. Zeichne eine Umleitung für Olivia in die Karte ein.

2 Beschreibe Olivias Fahrt möglichst genau.

Verkehrssicher?

Das ist Pit mit  Fahrrad.  hat einige Mängel. Zum Beispiel fehlt  die Beleuchtung. Außerdem fehlen in  Speichen die Reflektoren. Zu allem Übel fehlt  auch noch die Klingel. Pit geht in das Geschäft, in dem  das Rad gekauft hat. Die Verkäuferin schaut in  Lager, ob  die fehlenden Teile findet. Leider kann  nicht alle Fahrradteile finden. Aber  hat noch eine Klingel. Diese schenkt  Pit.

seinen	sie	ihm	sie	er	ihrem	sie	seinem	es	ihm	sie

1 Vervollständige die Sätze. Verwende dazu die Pronomen aus dem Kasten.

2 Schreibe den Text mit den richtigen Pronomen auf.
Markiere die Pronomen.

Fahrradtour

Gegenwart

Zukunftsform

einfache Vergangenheit

Grundform

1 **Schreibe die Verbformen an die richtige Stelle.**

Verflixt!

H	V	V	U	L	K	A	N	V	P	Z	X	F
S	Z	V	I	E	R	V	A	M	P	I	R	G
N	C	Z	R	A	O	C	V	E	N	T	I	L
C	V	O	R	S	I	C	H	T	I	G	U	H
B	H	J	H	Y	Z	V	E	R	K	E	H	R
K	H	E	E	D	A	V	O	N	Q	K	K	S
I	Q	V	E	N	T	I	L	A	T	O	R	F
E	P	C	L	V	E	R	B	X	G	U	J	H
V	I	L	L	A	V	E	I	L	C	H	E	N
V	E	R	L	I	E	R	E	N	X	Q	Q	L
K	U	R	V	E	V	E	R	B	A	N	D	C
V	A	N	I	L	L	E	V	O	L	L	O	S

1 In diesem Suchsel sind 16 Wörter mit V/v versteckt. Markiere sie.

2 Schreibe die Wörter auf. Achte auf die Großschreibung.

3 Ergänze die Übungswörter und schreibe sie auf.

So fit bin ich 4

Wann benutzt man den Wen-Fall, wann den Wem-Fall bei Ortsergänzungen?

Die Katze springt auf ______ Ofen. Die Katze liegt auf ______ Ofen. Der Hund wirft sich in ______ Korb. Der Hund schläft in ______ Korb. Opa setzt sich auf ______ Stuhl. Opa sitzt auf ______ Stuhl. Oma stellt die Milch vor ______ Sofa. Die Milch steht vor ______ Sofa. Tim hängt die Leine an ______ Türgriff. Die Leine hängt an ______ Türgriff. Opa legt die Zeitung auf ______ Tisch. Die Zeitung liegt auf ______ Tisch.

1 Setze die richtige Form von **der, die, das** ein.

2 Frage mit „Wo?" oder „Wohin?" nach der Ortsergänzung. Unterstreiche die Nomen im Wem-Fall und im Wen-oder-was-Fall.

Ich kann bei Ortsergänzungen den Wem-Fall und den Wen-oder-was-Fall richtig anwenden.

☼	☺	😐	☹

Welche Pronomen kann man einsetzen?

Der Fahrer 

Er hat es eilig.

Eine Polizistin hält ______ an.

______ ist es nun nicht wohl.

Die Fußgängerin 

______ beobachtet alles.

Die Polizistin befragt ______ als Zeugin.

______ glaubt die Polizistin jedes Wort.

Das Auto 

______ steht nun da.

______ ist nichts geschehen.

Der Fahrer muss ______ stehen lassen.

3 Setze in jedem Satz das passende Pronomen ein.

Ich kann Pronomen richtig einsetzen.

☼	☺	😐	☹

Kontrolle:

Wie ändern sich die Zeitformen der Verben?

sagen gehen kommen

zusammengesetzte Vergangenheit	**Gegenwart**
du ______	du ______
du ______	du ______
du ______	du ______
einfache Vergangenheit	**Zukunftsform**
du ______	du ______
du ______	du ______
du ______	du ______

1 Trage die Verben in der richtigen Zeitform in die Tabelle ein.

Ich kann die Verben in der richtigen Zeitform aufschreiben.

-☼-	☺	😐	☹

Wo setzt man ein Komma bei Aufzählungen?

Nilpferde Speck Tiger Fleisch Eulen Wurst Elefanten Schlangen Schnitzel Schinken

2 Was gehört zusammen? Verbinde oder markiere mit der gleichen Farbe.

Im Zoo gibt es ______

______

Der Metzger hat ______

______

3 Schreibe die Sätze zu Ende. Denke an die Satzzeichen.

Ich kann Kommas bei Aufzählungen setzen.

-☼-	☺	😐	☹

Kontrolle:

Durch das Jahr

Herbstblätter

1 Ordne richtig zu: der Ahorn, die Eiche, die Birke, die Linde, die Buche.

das Eichenblatt,

2 Schreibe zusammengesetzte Nomen mit **Blatt** auf.
Unterstreiche Grundwort und Artikel (Begleiter) und Bestimmungswort.

Gemüse Rübe Kuchen Laub Kopf Garten Speise Suppe Obst
Baum Honig Gurke Zucker Biene Kartoffel Salat Streusel

die Gemüsesuppe – das Suppengemüse,

3 Schreibe zusammengesetzte Nomen auf, bei denen du das Grundwort und das Bestimmungswort tauschen kannst.

4 Markiere die Artikel (Begleiter) und die Grundwörter.

• zusammengesetzte Nomen
• Grundwort/Bestimmungswort

• Seite 110

Herbstmarkt

1 Welche Wörter gehören zu welcher Wortfamilie? Schreibe sie geordnet auf.

2 Markiere in jedem Wort den Wortstamm.

tztühcseb	______	ztuhcS	______
thcarP	______	neztumhcsrev	______
solthca	______	gnilztühcS	______
llafbA	______	hciltsbreh	______
ginnos	______	nereizaps	______
solztuhcs	______	neztühcs	______
ztumhcS	______	hciltümeg	______
giztumhcs	______	neßeineg	______

3 Welche Übungswörter sind hier verrätselt? Schreibe die Wörter richtig auf.

Eisige Zeiten

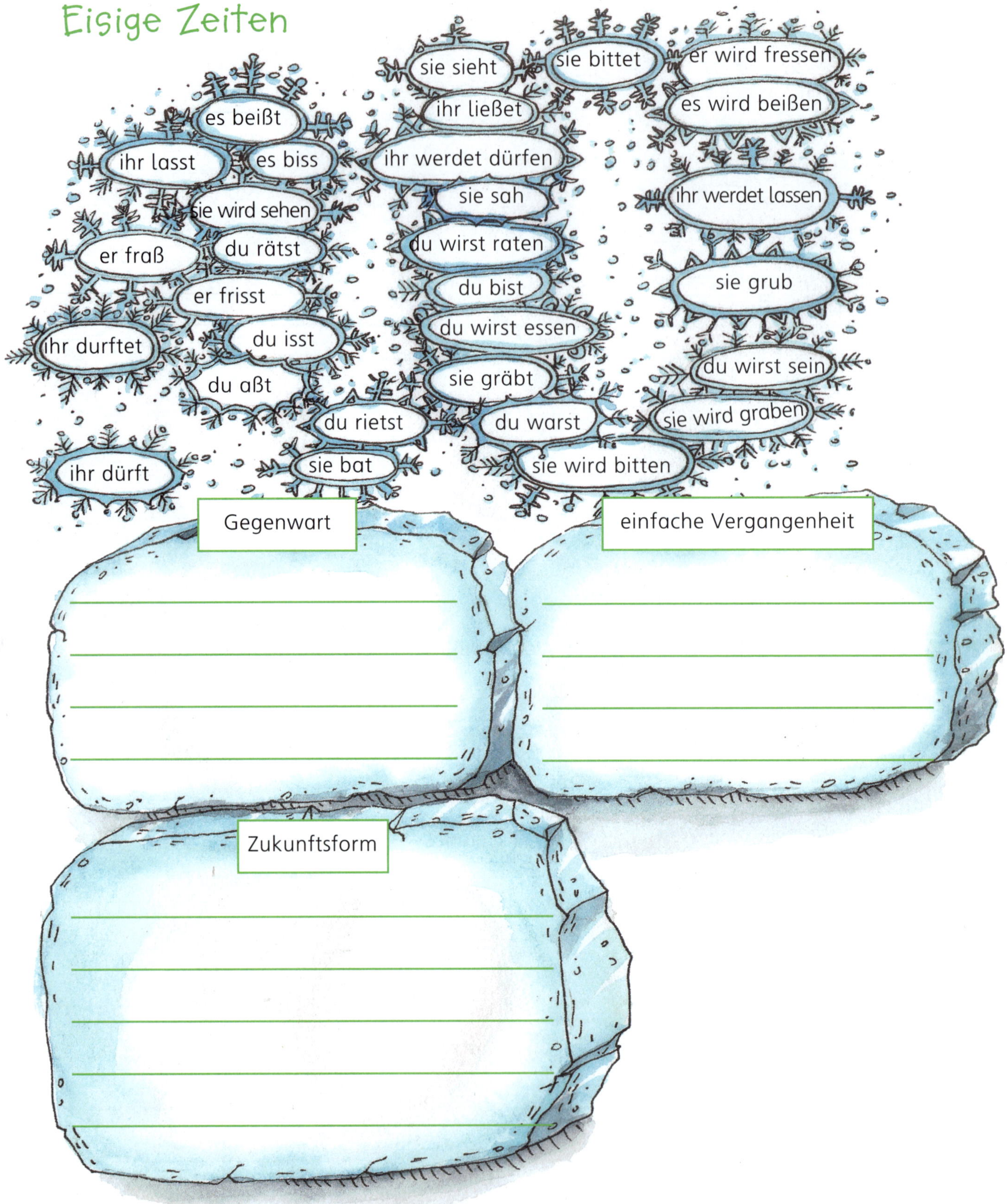

1 Ordne die Verbformen der richtigen Zeit zu.

2 Unterstreiche die Verben in der gleichen Farbe, die zur selben Grundform gehören.

Schneewehen

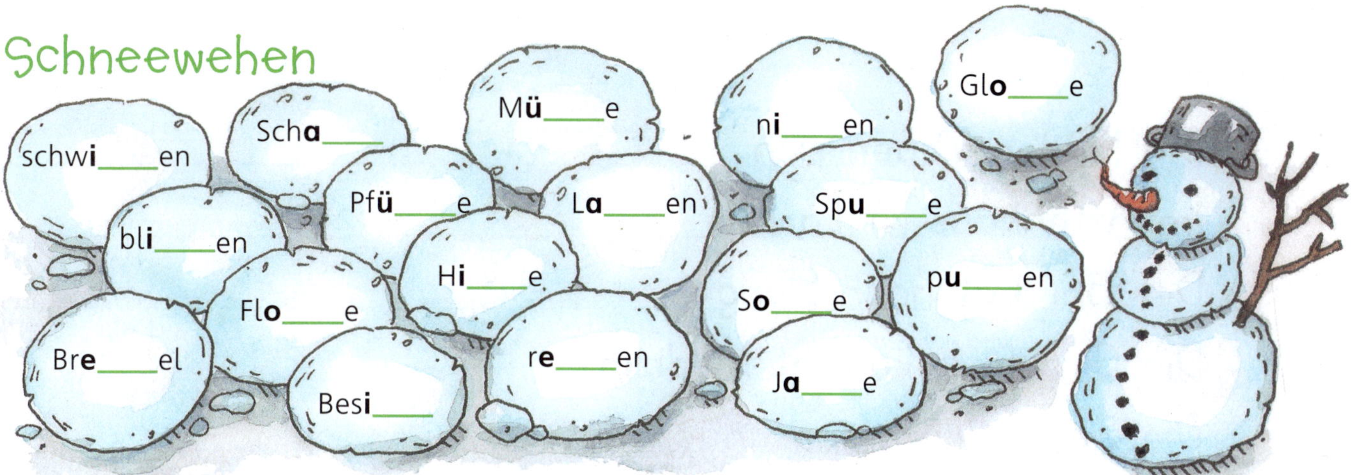

1 Lies die Wörter und markiere die langen (_) und kurzen (.) Selbstlaute.
Setze **k** oder **ck**, **z** oder **tz** ein.

ck: ______________________________

____

tz: ______________________________

____

2 Schreibe die Wörter **ck** und **tz** getrennt auf.

hdwioe jGrldoocvkbe sddide yKkactkzme kdiioe nMjügtgzve

____

nenrwslcthhrgescdkpeen jfylmikteztetn nsdestwzeezn

____

bsrternivcqkqepn ldnijcck jdoacs mFmequfepr jdterr fFirvoqsmt

____

ddyaps xHsozlbz hdcedr lPfublrlvorvzedr gdvepr lSfcwhilridtxtnepn

____

qdhelr dSscghindepe jaanxzjivejhdebn lnyakchhqtjs

____

3 Schreibe die Wörter richtig auf. Es gilt nur jeder 2. Buchstabe.

Ein Tag im Zoo

Die Kinder freuen sich ____________________

Im Affenhaus ist Lärm ____________________

Der Bär hat noch Hunger ____________________

Die Giraffe bekommt Medizin ____________________

Die Zebras kommen angerannt ____________________

als   obwohl   denn   damit   weil

sie schnell gesund wird   der Pfleger Futter bringt   die Affen streiten sich
sie heute in den Zoo gehen   er schon Fische verspeist hat

1 Wie gehen die Sätze weiter? Wähle ein passendes Bindewort aus und ergänze den Schluss der Sätze.

Oma und Linus gehen nachmittags mit großem Vergnügen in den Zoo.

____

____

____

____

____

2 Stelle den Satz mehrmals um.

3 Bestimme die Satzglieder mit dem Satzgliedfächer und markiere sie entsprechend.

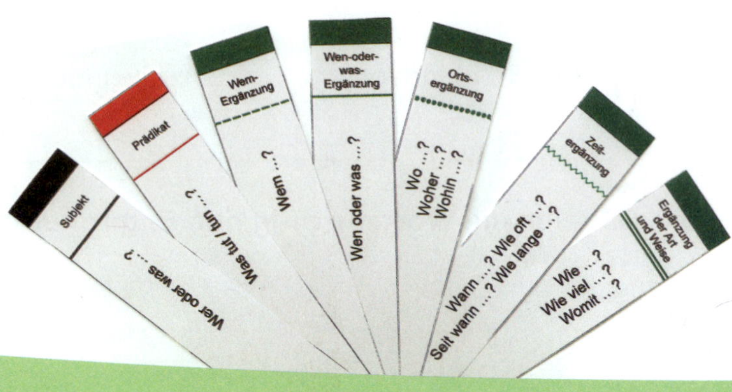

Was passt: s – ss – ß?

Flu___ au___en flie___en bewä___ern

Fa___ Gla___ Flo___ sü___ Lo___

fre___en Hau___ Ki___en kü___en gro___

mie___ lö___en ha___en dü___en

1 **Überprüfe, ob der erste Selbstlaut lang oder kurz ist. Fülle zunächst die Lücken der Wörter aus, bei denen der erste Selbstlaut kurz ist.**

2 **Fülle die Lücken der Wörter aus, bei denen der erste Selbstlaut lang ist. Beachte Quiesels Tipp. Manchmal musst du das Wort auch verlängern.**

Eine Überraschung für Tante Ella

Endlich ist es ___________ wieder warm. Luis und Leonie wollen heute Blumen für Tante Ella zum Geburtstag pflücken. Auf der Wiese hinter der ___________ ziehen sie ihre Schuhe aus und laufen mit nackten Füßen durch das ___________. Es kitzelt ein bisschen. Leonie und Luis finden nach und nach immer mehr ___________ und ___________. ___________ ist ihr ___________ ziemlich groß und er duftet ___________ nach Frühling. Zu Hause suchen sie eine passende ___________ für die Blumen und schreiben noch eine ___________karte. Nun dürfen sie nicht vergessen, die Blumen zu ___________, denn Tante Ella hat erst morgen Geburtstag.

die Straße
das Gras
der Gruß
der Strauß
die Vase
gießen
draußen
außerdem
das Gänseblümchen
das Veilchen
ziehen
angenehm
bisschen
inzwischen
kitzeln
richtig

3 **Setze die Übungswörter in den Lückentext ein.**
Diese Wörter kannst du nicht einsetzen: ___________________________

____

Viermal Sommer

	männlich	weiblich	sächlich
Wer? Was?		die Möwe	
Wessen?			
Wem?			dem Meer
Wen? Was?	den Sommer		

1 Ergänze die Tabelle.

~~der Hund~~ den Hund dem Hund des Hundes dem Hund des Hundes der Hund

Bald fährt der Hund in die Ferien. Wer-oder-was-Fall

Die Koffer ____________ sind schon gepackt. ____________

Seine Freunde die Katze und das Huhn helfen ____________, alle Sachen zum Bahnhof zu tragen. ____________

Dort werden sie ____________ auch zum Abschied winken. ____________

Auf die Rückkehr ____________ freuen sich Katze und Huhn schon sehr. ____________

Sie wollen ____________ dann wieder vom Zug abholen. ____________

____________ wird dann sicher spannende Geschichten aus seinem Urlaub erzählen. ____________

2 Welches Wort fehlt? Bestimme den Fall und trage dann das Wort und den richtigen Fall ein.

Sommer – summer

②

⑩

⑤

③

⑧

①

⑦

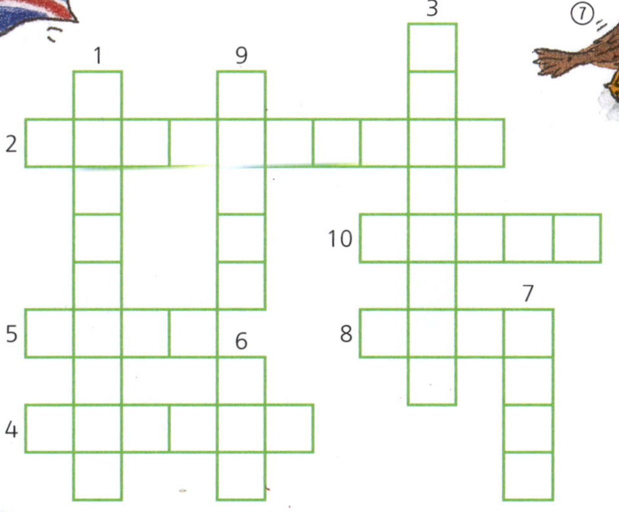

⑨

④

⑥

EIS
BLUME
CLOUD
BUTTERFLY
BEE
LAMM
GRAS
VOGEL
FROG
BIENE
SCHMETTERLING
SUNGLASSES
FLOWER
BIRD
GRASS
WOLKE
SONNENBRILLE
LAMB
ICE CREAM
FROSCH

1 Finde zu jedem Bild das deutsche und das englische Wort und trage sie in das passende Rätsel ein.

Kapitel	Sprachuntersuchung	Rechtschreibung
Sprachen verstehen **Seite 4–7**	fremde Sprachen/Wörter verstehen 4; Wortarten erkennen 6	Fehler finden mit der Quiesel-Karte 5; Komposita mit Auslaut-/Inlautverhärtung 7; Übungswörter 7
Der Ball ist rund **Seite 8–11**	Subjekt und Prädikat erkennen 8; Wortstamm 9; Wortfamilie 9	Wörter mit Doppelkonsonanz 10; Übungswörter 11
Feuer und Flamme **Seite 12–15**	Verben im Perfekt und Präteritum 12; Wortfelder 14	Nomen mit Wortbausteinen (-heit, -keit, -ung, -nis, -schaft, -tum) 13; Silbentrennung 14; Übungswörter 15
So fit bin ich 1 Seite 16–17		
Feen, Elfen und Kobolde **Seite 18–21**	Orts- und Zeitergänzungen 18; wörtliche Rede mit vorangestelltem Begleitsatz 19	Zeichensetzung bei der wörtlichen Rede mit vorangestelltem Begleitsatz 19; Wörter mit s und ß 20; stimmhafte und stimmlose Laute unterscheiden 20; Übungswörter 21
Rund ums Buch **Seite 22–25**	Einleitung, Hauptteil und Schluss erkennen 22; Schluss schreiben 22; Akkusativobjekt bestimmen 23	Wörter mit silbentrennendem h 24; Übungswörter 25
Freundschaft **Seite 26–29**	Grundformen von Verben bilden 26; wörtliche Rede mit nachgestelltem Begleitsatz 28	Wörter nachschlagen (starke und schwache Verben, Komposita, ähnlich klingende Laute) 26, 27; Zeichensetzung bei der wörtlichen Rede mit nachgestelltem Begleitsatz 28; vorangestellte Wortbausteine bei Verben 29; Übungswörter 29
So fit bin ich 2 Seite 30–31		
Film ab! **Seite 32–35**	Dativobjekt bestimmen 32	Inlautverhärtung/Auslautverhärtung 33; Wörter mit ä/a, äu/au, e/eu 34; Merkwörter mit langem i 35; Übungswörter 35
In der Ritterzeit **Seite 36–39**	Funktion des Futurs kennenlernen 36; Personalformen von werden 36; Redensarten erklären und verstehen 37	Merkwörter mit ä 38; Übungswörter 39
Kinder der Welt **Seite 40–43**	Korrekturzeichen verwenden 40; Logical 41; Satzglieder einfügen und bestimmen 42	Fehler finden 40; Merkwörter mit chs 43; Übungswörter 43
Im Urwald **Seite 44–47**	Nomen in den vier Fällen bestimmen 44; Vergleichsstufen von Adjektiven 45	Merkwörter mit Dehnungs-h 46; Übungswörter 47
So fit bin ich 3 Seite 48–49		
Bilder lesen **Seite 50–53**	Dativ und Akkusativ bei der Ortsergänzung 50; Adjektivkomposita 51	Kommasetzung bei Aufzählungen 52; Fehler finden mit der Quiesel-Karte 53; Übungswörter 53
Selten so gelacht **Seite 54–57**	Pointen 54; Ergänzung der Art und Weise kennenlernen 55; zusammengesetzte Verben 56	Merkwörter mit ai 57; Übungswörter 57
Rad fahren **Seite 58–61**	Wegbeschreibung formulieren 58; Pronomen einsetzen 59; Personalformen/Zeitformen von Verben bilden 60	Merkwörter mit V/v 61; Übungswörter 61
So fit bin ich 4 Seite 62–63		
Durch das Jahr **Seite 64–71**	zusammengesetzte Nomen 64; Grund- und Bestimmungswort erkennen 64; Zeitformen erkennen und zuordnen 66; Konjunktionen einsetzen 68; Satzglieder bestimmen 68; Nomen in den vier Fällen 70; Wörterrätsel: Deutsch – Englisch 71	Wortfamilien mit tz 65; Wörter mit ck und tz 67; Komma vor dem Nebensatz 68; Wörter mit s, ss und ß 69; stimmhafte und stimmlose Laute unterscheiden 69; Übungswörter 65, 67, 69